İki Dilli Resimli Kitabım

My Bilingual Picture Book

Sefa'nın en güzel çocuk öyküleri tek ciltte

Ulrich Renz • Barbara Brinkmann:

İyi uykular, küçük kurt · Sleep Tight, Little Wolf

2 yaş ve üstü çocuklar için

Cornelia Haas • Ulrich Renz:

En Güzel Rüyam · My Most Beautiful Dream

2 yaş ve üstü çocuklar için

Ulrich Renz • Marc Robitzky:

Yaban kuğuları · The Wild Swans

Bir Hans Christian Andersen masalı

5 yaş ve üstü çocuklar için

© 2024 by Sefa Verlag Kirsten Bödeker, Lübeck, Germany. www.sefa-verlag.de

Special thanks to Paul Bödeker, Freiburg, Germany

All rights reserved.

ISBN: 9783756305506

Oku · Dinle · Anla

İyi uykular, küçük kurt
Sleep Tight, Little Wolf

Ulrich Renz / Barbara Brinkmann

Türkçe — iki dilli — İngilizce

Çeviri:

Şerife Aydoğmuş (Türkçe)

Pete Savill (İngilizce)

Sesli kitap ve video:

www.sefa-bilingual.com/bonus

Şifre ile ücretsiz giriş:

Türkçe: **LWTR2927**

İngilizce: **LWEN1423**

İyi geceler Tim, yarın aramaya devam ederiz.
Şimdi güzelce uyu!

Good night, Tim! We'll continue searching tomorrow.
Now sleep tight!

Hava karardı.

It is already dark outside.

Peki Tim ne yapıyor?

What is Tim doing?

Dışarı çıkıyor, parka gidiyor.

Orda aradığı nedir?

He is leaving for the playground.

What is he looking for there?

Küçük peluş kurdu!

Onsuz uyuyamıyor.

The little wolf!

He can't sleep without it.

Kimdir şurdan gelen?

Who's this coming?

Marie! O da topunu arıyor.

Marie! She's looking for her ball.

Tobi ne arıyor peki?

And what is Tobi looking for?

Vinçini.

His digger.

Peki Nala ne arıyor?

And what is Nala looking for?

Bebeğini.

Her doll.

Çoçukların yatağa gitmeleri gerekmiyor mu?
Kedi çok şaşırıyor.

Don't the children have to go to bed?
The cat is rather surprised.

Şimdi kim geliyor?

Who's coming now?

Tim'in Annesi ve Babası!
Tim olmadan uyuyamıyorlar.

Tim's mum and dad!
They can't sleep without their Tim.

Bir çok kişi daha geliyor! Marie'nin Babası. Tobi'nin Dedesi. Ve Nala'nın Annesi.

More of them are coming! Marie's dad. Tobi's grandpa. And Nala's mum.

Hadi ama çabuk yatağa!

Now hurry to bed everyone!

İyi geceler, Tim!

Sabahleyin aramak zorunda değiliz artık.

Good night, Tim!

Tomorrow we won't have to search any longer.

İyi uykular, küçük kurt!

Sleep tight, little wolf!

Cornelia Haas • Ulrich Renz

En Güzel Rüyam

My Most Beautiful Dream

Çeviri:

Beyza Günsür (Türkçe)

Sefâ Jesse Konuk Agnew (İngilizce)

Sesli kitap ve video:

www.sefa-bilingual.com/bonus

Şifre ile ücretsiz giriş:

Türkçe: **BDTR2927**

İngilizce: **BDEN1423**

En Güzel Rüyam

My Most Beautiful Dream

Cornelia Haas · Ulrich Renz

Türkçe — iki dilli — İngilizce

Lulu uykuya dalamıyor. Diğer herkes rüya görmeye başladı bile – köpekbalığı, fil, küçük fare, ejderha, kanguru, şövalye, maymun, uçak kaptanı. Ve aslan yavrusu. Ayıcığın da gözleri kapanıyor...

Ayıcık, beni de yanında rüyana götürür müsün?

Lulu can't fall asleep. Everyone else is dreaming already – the shark, the elephant, the little mouse, the dragon, the kangaroo, the knight, the monkey, the pilot. And the lion cub. Even the bear has trouble keeping his eyes open ...

Hey bear, will you take me along into your dream?

Hemencecik Lulu ayıcık hayal dünyasına varıyor. Ayıcık, Tagayumi gölünde balık tutuyor. Ve Lulu ağaçların tepesinde acaba kimlerin yaşadığını merak ediyor.

Rüya bittiğinde Lulu daha da fazlasını yaşamak istiyor. Haydi gelin, köpek balığını ziyaret edelim! Acaba o rüyasında ne görüyor?

And with that, Lulu finds herself in bear dreamland. The bear catches fish in Lake Tagayumi. And Lulu wonders, who could be living up there in the trees?

When the dream is over, Lulu wants to go on another adventure. Come along, let's visit the shark! What could he be dreaming?

Köpekbalığı balıklarla yakalamaca oynuyor. Nihayet arkadaşları oldu! Kimse onun sivri dişlerinden korkmuyor.

Rüya bittiğinde Lulu daha da fazlasını yaşamak istiyor. Haydi gelin, fili ziyaret edelim. Acaba o rüyasında ne görüyor?

The shark plays tag with the fish. Finally he's got some friends! Nobody's afraid of his sharp teeth.

When the dream is over, Lulu wants to go on another adventure. Come along, let's visit the elephant! What could he be dreaming?

Fil bir tüy kadar hafif ve uçabiliyor! Birazdan bir cennet bahçesine iniş yapacak.

Rüya bittiğinde Lulu daha da fazlasını yaşamak istiyor. Haydi gelin, küçük fareyi ziyaret edelim. Acaba o rüyasında ne görüyor?

The elephant is as light as a feather and can fly! He's about to land on the celestial meadow.

When the dream is over, Lulu wants to go on another adventure. Come along, let's visit the little mouse! What could she be dreaming?

Küçük fare lunaparkı izliyor. En çok hız trenini beğeniyor.
Rüya bittiğinde Lulu daha da fazlasını yaşamak istiyor. Haydi gelin, ejderhayı ziyaret edelim. Acaba o rüyasında ne görüyor?

The little mouse watches the fair. She likes the roller coaster best. When the dream is over, Lulu wants to go on another adventure. Come along, let's visit the dragon! What could she be dreaming?

Ejderha ateş püskürtmekten susamış. İçinden bütün limonata gölünü içmek geliyor.

Rüya bittiğinde Lulu daha da fazlasını yaşamak istiyor. Haydi gelin, kanguruyu ziyaret edelim. Acaba o rüyasında ne görüyor?

The dragon is thirsty from spitting fire. She'd like to drink up the whole lemonade lake.

When the dream is over, Lulu wants to go on another adventure. Come along, let's visit the kangaroo! What could she be dreaming?

Kanguru şekerleme fabrikasında zıplayıp, kesesini tıka basa dolduruyor. Mavi şekerlerden daha fazla! Ve daha fazla lolipop! Bir de çikolata! Rüya bittiğinde Lulu daha da fazlasını yaşamak istiyor. Haydi gelin, şövalyeyi ziyaret edelim. Acaba o rüyasında ne görüyor?

The kangaroo jumps around the candy factory and fills her pouch. Even more of the blue sweets! And more lollipops! And chocolate!

When the dream is over, Lulu wants to go on another adventure. Come along, let's visit the knight! What could he be dreaming?

Şövalye hayalindeki prenses ile pasta savaşı yapıyor. Tüh! Kremalı pastayı tutturamadı.

Rüya bittiğinde Lulu daha da fazlasını yaşamak istiyor. Haydi gelin, maymunu ziyaret edelim. Acaba o rüyasında ne görüyor?

The knight is having a cake fight with his dream princess. Oops! The whipped cream cake has gone the wrong way!

When the dream is over, Lulu wants to go on another adventure. Come along, let's visit the monkey! What could he be dreaming?

Nihayet maymunlar dünyasında kar yağdı! Maymunlar çetesi sevinçten çıldırıyor ve maskaralık yapıyor.

Rüya bittiğinde Lulu daha da fazlasını yaşamak istiyor. Haydi gelin, uçak kaptanını ziyaret edelim. Acaba o rüyasında ne görüyor?

Snow has finally fallen in Monkeyland. The whole barrel of monkeys is beside itself and getting up to monkey business.
When the dream is over, Lulu wants to go on another adventure. Come along, let's visit the pilot! In which dream could he have landed?

Kaptan uçtukça uçuyor. Dünyanın sonuna kadar, hatta daha uzağa, yıldızlara kadar. Bunu başka hiç bir uçak kaptanı başaramadı.
Rüya bittiğinde herkes çok yorgun ve daha fazlasını yaşamak istemiyorlar. Ama son olarak aslan yavrusunu da ziyaret etmek istiyorlar. Acaba o rüyasında ne görüyor?

The pilot flies on and on. To the ends of the earth, and even farther, right on up to the stars. No other pilot has ever managed that.
When the dream is over, everybody is very tired and doesn't feel like going on many adventures anymore. But they'd still like to visit the lion cub.
What could she be dreaming?

Yavru aslan evini özlüyor ve sıcacık, rahat yatağa dönmek istiyor. Diğerleri de.

Ve orada başlıyor...

The lion cub is homesick and wants to go back to the warm, cozy bed.
And so do the others.

And thus begins ...

... Lulu'nun
en güzel rüyası.

... Lulu's
most beautiful dream.

Ulrich Renz • Marc Robitzky

Yaban kuğuları

The Wild Swans

Çeviri:

Gizem Pekol (Türkçe)

Ludwig Blohm, Pete Savill (İngilizce)

Sesli kitap ve video:

www.sefa-bilingual.com/bonus

Şifre ile ücretsiz giriş:

Türkçe: **WSTR2927**

İngilizce: **WSEN1423**

Ulrich Renz · Marc Robitzky

Yaban kuğuları
The Wild Swans

Bir Hans Christian Andersen masalı

Türkçe · iki dilli · İngilizce

Bir varmış, bir yokmuş. Evvel zaman içinde, kalbur saman içinde; pireler berber, develer tellal iken, ben annemin, babamın beşiğini tıngır mıngır sallar iken, az gittim, uz gittim, dere tepe düz gittim, birde döndüm baktım ki bir arpacık yol gitmişim.

Derken bir kralın oniki çocuğu varmış. Kardeşlerin onbiri erkek, en büyükleri ise Elisa isminde bir kız imiş. Hep birlikte çok güzel bir sarayda mutlu mesut yaşıyorlarmış.

Once upon a time there were twelve royal children – eleven brothers and one older sister, Elisa. They lived happily in a beautiful castle.

Günün birinde anneleri ölmüş. Kısa zaman sonra kral başka bir kadınla evlenmiş. Ama yeni karısı aslında bir cadı imiş. Bu cadı onbir prensi kuğulara dönüştürüp onları çok uzak bir ülkenin derin ormanına yollamış.

One day the mother died, and some time later the king married again. The new wife, however, was an evil witch. She turned the eleven princes into swans and sent them far away to a distant land beyond the large forest.

Kızı da eski püskü giydirip yüzüne onu çirkinleştiren bir merhem sürmüş. Okadar çirkin olmuş ki babası onu tanıyamayıp sarayından kovalamış. Elisa karanlık ormana koşmuş.

She dressed the girl in rags and smeared an ointment onto her face that turned her so ugly, that even her own father no longer recognized her and chased her out of the castle. Elisa ran into the dark forest.

Şimdi prenses öyle yalnız kalmış ki, kardeşlerinin hepsini kalbinin derinliklerinde çok özlediğini hisseder olmuş. Gece olduğunda kızcağız kendine ağaçların altında yosunlardan bir döşek yapmış.

Now she was all alone, and longed for her missing brothers from the depths of her soul. As the evening came, she made herself a bed of moss under the trees.

Ertesi sabah durgun bir göldeki suda kendi yüzünü görüp çok korkmuş. Ama gölde yıkandıktan sonra güneşin altındaki en güzel prenses oluvermiş.

The next morning she came to a calm lake and was shocked when she saw her reflection in it. But once she had washed, she was the most beautiful princess under the sun.

Günler sonra Elisa açık denize varmış. Dalgaların üstünde onbir tane kuğu tüyünün yüzdüğünü görmüş.

After many days Elisa reached the great sea. Eleven swan feathers were bobbing on the waves.

Tam güneşin battığı anda gökten bir uğultuyla beraber onbir tane yaban kuğusu denize inmiş. Elisa büyülü kardeşlerini hemen tanımış. Ama kuğu dilini konuştukları için onların ne dediklerini anlayamamış.

As the sun set, there was a swooshing noise in the air and eleven wild swans landed on the water. Elisa immediately recognized her enchanted brothers. They spoke swan language and because of this she could not understand them.

Gündüzleri kuğular uzaklara uçup, geceleri mağaranın içine sığınarak, birbirlerine sarılıp uyuyorlarmış.

Bir gece Elisanın annesi rüyasına girmiş ve ona kardeşlerini nasıl bu büyüden kurtarabileceğini söylemiş. Herbirine ısırgan otundan birer gömlek örüp üzerlerine atmasını anlatmış. Bunu başarıncaya kadar hiçkimseyle konuşmaması şart imiş, yoksa kardeşleri ölecekmiş.
Elisa hemen örmeye başlamış. Isırgan otu ellerini çok kötü yaktığı halde, yorulmadan örmeye devam etmiş.

During the day the swans flew away, and at night the siblings snuggled up together in a cave.

One night Elisa had a strange dream: Her mother told her how she could release her brothers from the spell. She should knit shirts from stinging nettles and throw one over each of the swans. Until then, however, she was not allowed to speak a word, or else her brothers would die.
Elisa set to work immediately. Although her hands were burning as if they were on fire, she carried on knitting tirelessly.

Bir gün uzaktan avcıların borazan sesleri gelmiş. Ve de kısa bir süre sonra karşısında prens ile birlikte olan avcılarla karşılaşmışlar. Gözgöze geldikleri anda, birbirlerine aşık olmuşlar.

One day hunting horns sounded in the distance. A prince came riding along with his entourage and he soon stood in front of her. As they looked into each other's eyes, they fell in love.

Prens, Elisayı kucakladığı gibi atın üstüne alıp onu kendi sarayına götürmüş.

The prince lifted Elisa onto his horse and rode to his castle with her.

Saraydaki güçlü vezir bu dilsiz güzelin gelmesinden hiç hoşlanmamış. Çünkü prensin kendi kızıyla evlenmesini istiyormuş.

The mighty treasurer was anything but pleased with the arrival of the silent beauty. His own daughter was meant to become the prince's bride.

Elisa kardeşlerini hiç unutmamış, her gece gömleklerini örmeye devam etmiş. Bir gece mezarlıktan taze ısırgan otu toplamaya gitmiş. Sarayın veziri, onu görüp takip etmiş.

Elisa had not forgotten her brothers. Every evening she continued working on the shirts. One night she went out to the cemetery to gather fresh nettles. While doing so she was secretly watched by the treasurer.

Prensin ava gittiği bir gün vezir, Elisayı cadılıkla suçlayıp geceleri başka cadılarla buluşma bahanesiyle zindana attırmış.

As soon as the prince was away on a hunting trip, the treasurer had Elisa thrown into the dungeon. He claimed that she was a witch who met with other witches at night.

Gün ağarırken gardiyanlar Elisayı alıp pazar yerinde yakmak istemişler.

At dawn, Elisa was fetched by the guards. She was going to be burned to death at the marketplace.

Oraya tam vardıkları anda onbir beyaz kuğu birden meydana inmiş. Elisa alel acele, hepsinin üstüne birer gömlek atmış. O anda kardeşlerinin hepsi tekrar birer prens olarak karşısında durmuş. Ama kardeşlerinin en küçüğünün gömleği tam bitmediği için bir kolu kanat olarak kalmış.

No sooner had she arrived there, when suddenly eleven white swans came flying towards her. Elisa quickly threw a shirt over each of them. Shortly thereafter all her brothers stood before her in human form. Only the smallest, whose shirt had not been quite finished, still had a wing in place of one arm.

Daha kardeşleriyle sarılıp kucaklaşırken, prens geri gelmiş. Nihayet Elisa, prense her şeyi anlatabilmiş. Prens ise kötü veziri zindana attırmış. Sonrada prens ile Elisanın yedi gün yedi gece düğünleri yapılmış.

Ve sonsuza kadar mutlu yaşamışlar.

The siblings' joyous hugging and kissing hadn't yet finished as the prince returned. At last Elisa could explain everything to him. The prince had the evil treasurer thrown into the dungeon. And after that the wedding was celebrated for seven days.

And they all lived happily ever after.

Hans Christian Andersen

Hans Christian Andersen 1805'te Danimarka'nın Odense şehrinde doğu ve 1875'te Kopenhagen'de vefat etti. "Küçük deniz kızı", "Imparatorun yeni kıyafetleri" ve "Çirkin Ördek" gibi masalları ile dünyaca ün kazandı. Karşınızdaki "Yaban Kuğuları" masalı ilk 1838'de yayınlandı. Ondan beri yüzden fazla dile çevrildi ve farklı sunum çalışmaları ile, mesela tiyatro, film ve müzikal şeklinde yeniden anlatıldı.

Barbara Brinkman, 1969'da Münih'de doğdu ve bavyeradaki alpdağların eteklerinde büyüdü. Münih'de mimarlık okudu ve şu an Münih Teknik Üniversitesin'de mimarlık bölümünde araştırmacı olarak görevli. Bunun yanında serbest grafik tasarımcısı, illustratör ve yazar olarak çalışıyor.

Cornelia Haas 1972'de, Ichenhausen, Augsburg yakınlarında (Almanya) doğdu. Münster yüksekokulunda tasarım okuyup mezun oldu. 2001'den beri çocuk ve gençlik kitapları için çizimler yapıyor ve 2013'ten itibaren Münster yüksekokulunda öğretim görevlisi olarak, akrilik ve dijital ressamlık alanında eğitim veriyor.

Marc Robitzky, 1973 doğumlu, Hamburg teknik sanatlar üniversitesinde ve Frankfurt görsel sanatlar bölümü mezunu. Aschaffenburg'da (Almanya) serbest illüstratör ve iletişimtasarımcısı olarak çalışıyor.

Ulrich Renz 1960'da Stuttgart'ta (Almanya) doğdu. Paris'te fransız edebiyatı ve Lübeck'te tıp okuyup bilimsel çalışmaları yayımlayan bir yayınevinin başkanı olarak çalışmaya başladı. Renz bugün bağımsız bir yazar, genel bilgi kitapları dışında çocuk ve gençlere yönelik kitaplar yazıyor.

Boyama yapmayı sever misin?

Hikayedeki resimleri boyamak için buradan indirebilirsin.

www.sefa-bilingual.com/coloring

www.ingramcontent.com/pod-product-compliance
Lightning Source LLC
LaVergne TN
LVHW070450080526
838202LV00035B/2791